Z
BASQUE
197

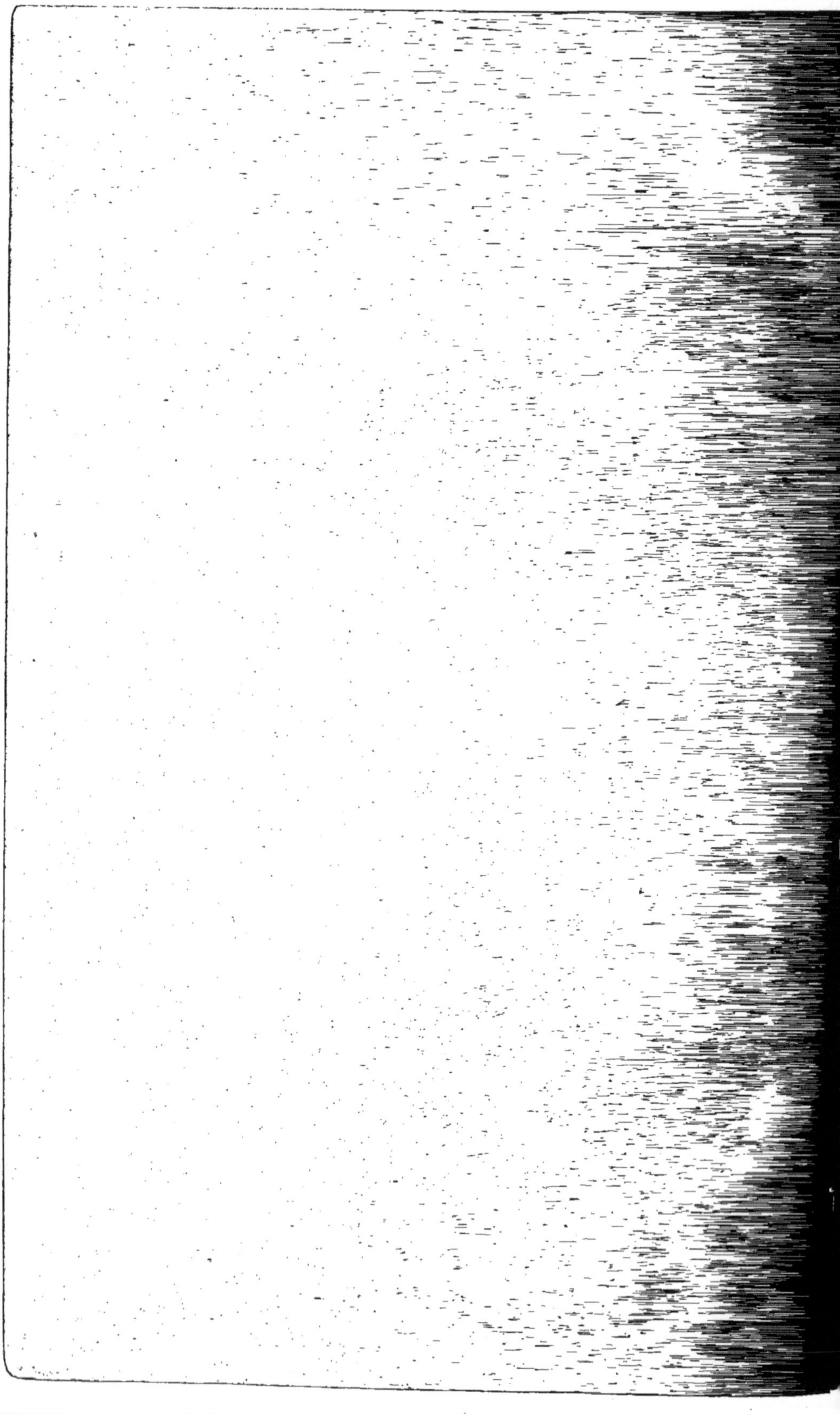

# REMARQUES SUR PLUSIEURS ASSERTIONS

DE

## M. ABEL HOVELACQUE

CONCERNANT

# LA LANGUE BASQUE,

ACCOMPAGNÉES

D'OBSERVATIONS GRAMMATICALES ET BIBLIOGRAPHIQUES.

*(Extrait de la "Revue de Philologie et d'Ethnographie", publiée par* Ch. E. de Újfalvy. *Tome deuxième, No. 3. Paris, 1876.)*

LONDRES, 1876.

BIBLIOTHÈQUE NATIONALE — COLLECTION ANTOINE D'ABBADIE — ACADÉMIE DES SCIENCES

*Remarques sur plusieurs assertions de M. Abel Hove-*
*lacque concernant la langue basque, accompagnées*
*d'observations grammaticales et bibliographiques.*

COLLECTION
ANTOINE
D'ABBADIE

Nous venons de lire un article de M. Hovelacque sur la langue
basque, occupant les pages 87–106 de son ouvrage qui a pour titre :
"La Linguistique." Paris, 1876.  Nous y trouvons bien des choses
à redire, et, comme nous craignons que ceux des linguistes qui ne
s'occupent pas d'une manière spéciale de cette langue, sujet de nos
plus chères études depuis trente ans, ne soient induits en erreur
sur bien des points qui s'y rapportent, nous croyons bien faire en
soumettant au public impartial les remarques suivantes d'après
l'ordre de pagination du dit ouvrage.  Nous saisirons aussi cette
occasion pour revendiquer nos droits, et rendre publiques quelques-
unes de nos observations sur la langue basque, jusqu'à présent
inédites.

p. 88–90. En parlant de notre carte linguistique de la langue
basque, M. Hovelacque, qui ne doit jamais avoir vu notre travail,
avance qu'elle ne diffère pas sensiblement, quoique plus considé-
rable, de celle que nous a donnée M. Broca en 1875, et que lui
M. Hovelacque trouve particulièrement recommandable.  Il nous
paraît que, même en admettant cette grande ressemblance qui n'est
qu'imaginaire, l'impartialité la plus commune aurait exigé que l'on
dise, à moins que l'on n'ait l'intention de nous faire passer pour
un copiste de M. Broca, que c'est le petit échantillon de ce
dernier qui ne diffère pas sensiblement de notre grande carte
imprimée en 1863 douze ans auparavant.  Quant à cette pré-
tendue ressemblance, nous ferons observer : 1°. Que notre carte
indique non seulement les localités où le basque est parlé en majorité,
distinguées de celles où cette langue ne l'est plus qu'en minorité,
comme cela a lieu également dans l'échantillon de M. Broca,
mais aussi les huit dialectes, les vingt-cinq sous-dialectes et cin-

quante variétés, ce qui n'avait jamais été indiqué par n'importe
quelle carte linguistique, qui ne donne tout au plus que les dialectes.
2°. Que notre travail est le résultat de recherches faites par nous-
même sur les lieux en plusieurs excursions linguistiques depuis
1856, et étant accompagnés des hommes les plus compétents; de
sorte que nous avons constaté le tout et vérifié ce que l'on nous
disait, en nous servant de nos propres yeux pour voir et de nos
propres oreilles pour entendre, sans nous contenter de "jurare in
verba magistri". 3°. Que le nombre des localités données par notre
carte ne saurait être comparé à celui fort restreint des localités
enregistrées par M. Broca, dont l'échantillon ne peut, par conséquent, résoudre la question ayant pour but de connaître la nature
de la langue parlée dans les très-nombreuses localités qui y
manquent.   Quant à notre carte, elle présente tous les villages et
tous les chefs-lieux de commune d'Espagne ou de France, outre
les noms de beaucoup de hameaux.   4°. Que notre travail diffère
aussi de celui de M. Broca en ce que les fautes d'orthographe ou
d'impression dont ce dernier fourmille ne s'y trouvent heureusement
pas.   Exemples : Agiz *pour* Aoiz, Bareux *pour* Barcus, Ecula *pour*
Ecala, Ochoz *pour* Ochovi, Galiacano *pour* Galdacano, Azo *pour*
Azoz, Ulzoran *pour* Ulzurrun, Tieras *pour* Tiebas, etc., etc.
Nous sommes étonné toutefois de voir le nom d'Aoiz, transformé
d'une manière si méconnaissable, et si cruelle si elle n'était pas
risible, en Agiz, figurer deux fois dans l'ouvrage de M. Hovelacque
(pp. 90 et 271), comme ci cet auteur ignorait l'existence même de
cette petite ville qui, comme chef-lieu de "partido judicial", ne
devrait cependant pas être inconnue à quiconque se mêle de passer
en revue un travail de géographie linguistique basque. 5°. Que
M. Broca toujours à tort, nous nous croyons en droit de l'assurer,
donne souvent comme basques en partie des localités qui ne le sont
pas ou qui ne le sont plus[1]; qu'il lui arrive aussi assez souvent
de donner comme non basques des localités qui le sont en minorité
et quelquefois même en majorité[2]; qu'il présente assez fréquem-

---

[1] *Exemples :* Montory, Uscarres, Ustés, Eparoz, Irurozqui, Sansoain de
Urraul bajo, Muez, Lerate, Ugar, Arizala, Ibiricu, Barindano, Urra, Ecala,
Eulate, Eguino, Albeniz, Mezquia, Araya, Zalduendo, Zuazola, Echavarri de
Urtupiña, Arroyabe, Ullibarri de Arrazua, Gamarra, Ullibarri de Cuartango,
Aperregui, Domaiquia, Abecia, Murguia, Belunza, Unza, Oquendo, Alonsó-
tegui, Orduña, Bilbao.

[2] *Exemples :* Saint-Pierre-d'Irube, Burgui, Garde, Iriberri, Idocin, Góngora,
Yelz, Huarte, Elia, Iroz, Artica, Barañain, Galar, Zariquiegui, Tiebas, Pu-nte
la Reina, Baracaldo.

ment comme localités de minorité basque celles dont la majorité des habitants originaires peut parler l'euskara [1]; que ce n'est pas en majorité, mais en minorité, que le basque est parlé à Ullibarri de Gamboa, dans l'Alava. Quant aux localités que M. Broca appelle "mixtes", nous croyons que ce mot n'est propre qu'à induire en erreur lorsqu'on l'applique à celles où l'on parle basque, car on peut parfaitement dire que le plus grand nombre des villes et des villages de l'*euskalerria* sont mixtes, sans excepter Saint-Sébastien, Tolosa, Marquina de Biscaye, Guernica, Sare, Saint-Jean-de-Luz, Baïgorry, Saint-Jean-Pied-de-Port, Tardets et Mauléon, puisque dans tous ces endroits l'espagnol ou le français se trouve être concurremment avec le basque la langue d'une minorité quelconque de leurs habitants originaires. Il ne peut donc être question que de majorité et de minorité, qui peuvent être la première : forte ou peu marquée, et la seconde : importante ou insignifiante. Leur constatation nous a donné quelquefois tant de peine, que dans une bonne douzaine de cas nous avons été obligé de compter, avec l'appui des personnes les plus compétentes de chaque localité, le nombre et même les noms des habitants originaires pouvant ou ne pouvant pas parler basque.

—Lorsque M. Hovelacque nous dit que la Biscaye presque toute entière est basque de langue ainsi que la partie septentrionale de l'Alava, nous lui disons, à notre tour, qu'il se trompe de la manière la plus étrange. Un quart à peu près de la Biscaye " las Encuartaciones " n'est pas basque quant à la langue, et de la partie septentrionale de l'Alava, province presque entièrement de langue espagnole, il n'y a que de trente-cinq à quarante villages, que nous avons visitées un à un, qui soient basques. Une autre assertion de M. Hovelacque que l'on peut lire à la p. 270, a besoin d'être completée, car s'il est vrai que la limite de l'espagnol est tracée au nord par le basque, il n'en est pas moins vrai que cette langue forme aussi une partie de sa limite est, puisque l'asturien, dialecte espagnol, se trouvant au nord aussi bien que le basque, est limité à l'est par cette langue.

p. 93. Ce n'est pas le hongrois qui ressemble le plus au basque par quelques traits généraux. Parmi les langues ouraliques, comme nous l'avons démontré dans notre Mémoire sur la langue

<hr>

[1] *Exemples* : Vidangoz, Roncal, Urzainqui, Isaba, Uztarroz, Sarries, Ezcaroz, Izalzu, Ochagavia, Abaurrea, Uriz, Espoz, Iloz, Laboa, Eusa, Ochovi. Anoz de Ollo, Orcoyen, Izu, Zuasti, Saldise, Ulzurrun, Azanza, Munarriz, Goñi, Orozco, Miravalles, La Cruz.

basque comparée aux langues finnoises, c'est plutôt le morduin, et après lui le vogoul, qui pourraient revendiquer ce privilége, surtout à cause de leur déclinaison définie et de leur conjugaison objective plus riche que celle du hongrois, quoique beaucoup plus pauvre que la conjugaison objective basque. Les langues ouraliques et les langues altaïques en général, appartiennent d'ailleurs à une souche toute à fait distincte de celle constituée par le basque à lui tout seul, qui forme à son tour, avec d'autres souches aussi indépendantes que lui, la grande classe des langues qui ne sont ni aryaniques ni sémitiques, et que l'on qualifie tantôt de "langues touraniennes" dans l'acception la plus ample de ce mot, tantôt de "langues agglutinatives", de "langues allophyliennes", etc.

p. 94–95. Certains auteurs, d'après M. Hovelacque, ont compté jusqu'à huit dialectes et vingt-cinq variétés basques qui au surplus se réduisent sans peine à trois groupes. Nous voudrions bien remercier de ce beau renseignement ces "certains auteurs" qui se réduisent à notre seule personne, si c'était l'usage de se remercier soi-même. M. Hovelacque qui n'oublie jamais, lorsque cela lui convient, de citer le nom des auteurs chez lesquels ils puise ses renseignements, ignore sans doute que, sans le savoir, il a copié à la p. iv de notre "Verbe" notre classification, la réduction à trois groupes incluse, sans parler toutefois, comme nous l'avons fait, des caractères grammaticaux sur lesquels nous l'avons établie.

p. 94. Le basque du N. T. de Liçarrague ne diffère pas seulement "assez sensiblement", comme le prétend M. Hovelacque, du basque de nos jours. Il en diffère considérablement. Ayant composé une grammaire et un dictionnaire presque complets de cet ancien dialecte, nous sommes en état d'avancer que son verbe surtout présente de telles particularités, que nous avons été obligé, dans la troisième partie encore inédite de notre ouvrage, de lui consacrer un chapitre à part qu'un jour nous nous déciderons peut-être à publier séparement, vu le grand intérêt qui s'attache aux formes primitives dont ce précieux ouvrage fourmille. La méthode que nous avons adoptée comme la plus à la portée de tout le monde pour les huit dialectes modernes, a dû faire place à une autre dans l'exposition du verbe labourdin ancien du N. T., car sans cela il ne nous aurait guère été possible de classer convenablement les modes, les temps et les terminatifs de ce dialecte qui manquent au basque de nos jours. La qualification de "labourdin ancien" nous paraît la plus convenable à cette sorte

de basque, que Larramendi appelle " diestrísimo ", non pas parce
que nous pensons qu' il ne consiste qu' en labourdin pur de 1571,
époque de l' impression de cet ouvrage, ni parce que nous ne
croyons pas que le souletin, encore plus que le bas-navarrais, y
montre son influence, mais uniquement parce que le fond de ce
dialecte est bien le labourdin, qui ne devait pas encore avoir perdu
des formes qui à cette époque pouvaient fort bien lui être communes
avec le souletin ; de même qu' il n' en avait pas encore perdu
d' autres que l' on ne trouve plus dans aucun dialecte du basque
moderne.   Quant au vocabulaire du labourdin ancien, il y a lieu
de s' étonner qu' il ne se trouve pas à la hauteur de sa grammaire,
car les mots étrangers y abondent, sans que leur présence y soit
justifiée.   Ce dialecte ne devait pas en effet manquer d' une foule
de mots basques qui vivent encore dans le labourdin moderne.   En
faisant abstraction de son vocabulaire, le labourdin ancien est
incontestablement le dialecte basque le plus important que l' on
connaisse, quoique le labourdin moderne, tel que nous le définissons
dans notre " Verbe ", contrairement à ce que paraît penser M.
Vinson, soit inférieur, selon nous, au guipuscoan quant à la richesse
du vocabulaire, à la formation régulière des terminatifs et à la
grammaire en général.   Nous admettons toutefois volontiers que
le labourdin et le souletin ont mieux conservé que le guipuscoan
les sons basques, et que ce dernier, avec le roncalais son sous-
dialecte, en présente qui lui sont propres, et que l' on ne trouve ni
dans l' espagnol, ni dans le français, ni dans le gascon, ni dans les
autres dialectes basques. (*Voyez* notre " Verbe ", p. ii.) Si toutefois
le labourdin moderne ne peut lutter avec avantage contre le
guipuscoan, il n' en est pas de même du biscaïen et du souletin,
qui sont loin de présenter les altérations " plus profondes " dont
parle M. Hovelacque.   La grammaire de ces deux dialectes,
quoique leur vocabulaire soit moins riche que celui du guipuscoan,
est certainement la plus complète après celle du labourdin ancien
de Liçarrague.   En ce qui concerne le guipuscoan, indépendamment
de son vocabulaire et de la régularité de son verbe, il est, au point
de vue pratique, le dialecte principal, le plus connu et le plus
répandu du basque espagnol, de même que le labourdin moderne
est, malgré son infériorité linguistique, le plus connu du basque
français ; mais comme les dialectes de France ne sont eux-mêmes
en origine que des dialectes d' Espagne, il s' en suit que le
guipuscoan se trouve être en même temps le premier des dialectes
basques vivants.   Nous avons en lui, en un mot, le toscan ou le

castillan du basque : la langue basque proprement dite lorsqu'elle
n'est pas autrement spécifiée. Humboldt dont les connaissances
en fait de basque étaient incontestablement supérieures à celles de
tout autre étranger, lui accordait aussi le premier rang. C'est
aussi dans ce très-beau dialecte que se trouvent le plus de livres
et les plus volumineux. Le labourdin, sous ce rapport, n'occupe
que le second rang, quoiqu'il occupât le premier du temps de
Larramendi. Quant aux poésies de Dechepare, plus anciennes de
date que le N. T., elles sont certainement intéressantes, mais loin
de présenter les mêmes formes archaïques de ce dernier. Cela
tient évidemment à ce que leur dialecte bas-navarrais oriental
avait déja subi des modifications qui n'avaient pas encore atteint le
labourdin en 1571. Le N. T. de Liçarrague avec sa liturgie, son
catéchisme et les autres pièces très-importantes qui doivent faire
partie de tout exemplaire complet, présente donc le basque le plus
ancien connu, quoique non pas le plus anciennement imprimé.
Nous croyons qu'en Europe il y a plus de treize exemplaires
connus de ce précieux volume, en comptant les incomplets comme
le fait M. Vinson, mais nous pensons aussi qu'il y a à peine de
particuliers qui en possèdent de complet. Dans cet état surtout
ce livre est presque introuvable, et cependant après des recherches
inouies et de grands sacrifices pécuniaires, nous sommes parvenus,
par plus d'un heureux hasard, à en posséder trois exemplaires dont
un seul complet. Les mots cités par Marinæus Siculus ont, eux
aussi, une certaine valeur à cause de la date de l'ouvrage où ils se
trouvent correctement imprimés, mais ce n'est qu'en souriant et
à titre de simple curiosité bibliographique que l'on devrait
enrégistrer à côté du trésor linguistique dont nous comptons
encore nous entretenir, le fragment indéchiffrable de Rabelais que
l'on veut bien qualifier de "le plus ancien texte basque imprimé".
Ce fragment qui pourrait n'être, après tout, qu'une mystification
due au facétieux personnage, quand même il ne serait pas ce que
nous supposons, ne saurait être considéré, tel qu'il nous est
parvenu, comme présentant des mots basques, qu'au même titre
que les mots que Molière fait adresser à M. Jourdain sont
considérés comme des mots turcs. Pour faire saisir la différence
qui passe entre le labourdin ancien de Liçarrague et le basque
moderne, nous ne pouvons mieux faire que d'emprunter à la
troisième partie de notre "Verbe" le tableau suivant, qui montre
le nombre des modes et des temps simples à la troisième personne
du singulier, soit dans les terminatifs purs et dans ceux qui renfer-

| Modes. | Temps. | Terminatifs. | |
|---|---|---|---|
| I. Indicatif. | 1. Présent. | du; da | il l'a; il est. |
|  | 2. Passé. | zuen; zen | il l'avait; il était. |
|  | 3. Futur. | duke; date | il l'aura; il sera. |
| II. *Indicatif auxiliaire.* | 4. *Passé.* | *zezan; zedin; zekion* | il l'eut; il fut; il lui fut. |
| III. Conditionnel. | 5. Présent futur. | luke; lizateke | il l'aurait; il serait. |
|  | 6. Passé. | zukeen; zatekeen | il l'aurait eu; il aurait été. |
| IV. Impératif. | 7. Présent. | *biu;* biz | qu'il l'ait; qu'il soit. |
| V. Impératif auxiliaire. | 8. Présent. | beza; bedi; bekio | qu'il l'ait; qu'il soit; qu'il lui soit. |
| VI. *Subjonctif.* | 9. *Passé.* | *luen; lizen* | qu'il l'eût; qu'il fût. |
| VII. Subjonctif auxiliaire. | 10. Présent. | dezan; dadin; dakion | qu'il l'ait; qu'il soit; qu'il lui soit. |
|  | 11. Passé. | lezan; ledin; lekion | qu'il l'eût; qu'il fût; qu'il lui fût. |
| VIII. *Causatif.* | 12. *Passé.* | *bailu; bailiz* | parce qu'il l'eût; parce qu'il fût. |
| IX. *Causatif auxiliaire.* | 13. *Présent.* | *baiteza; baitadi; baitakio* | parce qu'il l'ait; p. q. il soit; p. q. il lui soit. |
|  | 14. *Passé.* | *baileza; bailedi; bailekio* | parce qu'il l'eût; p. q. il fût; p. q. il lui fût. |
| X. Suppositif. | 15. Présent. | balu; baliz | s'il l'avait; s'il était. |
| XI. Suppositif auxiliaire. | 16. Présent. | badeza; badadi; badakio | s'il l'a; s'il est; s'il lui est. |
|  | 17. Futur. | baleza; baledi; balekio | s'il l'avait; s'il était; s'il lui était. |
| XII. Optatif. | 18. Présent. | ailu; ailiz | l'eût-il; fût-il. |
| XIII. Optatif auxiliaire. | 19. Futur. | aileza; ailedi; ailekio | l'eût-il; fût-il; lui fût-il. |
| XIV. *Votif.* | 20. *Présent.* | *albeilu; albeiliz* | le puisse-t-il; puisse-t-il. |
| XV. *Votif auxiliaire.* | 21. *Présent.* | *albeileza; albeiledi; albeilekio* | le puisse-t-il; puisse-t-il; lui puisse-t-il. |
| XVI. Potentiel. | 22. Présent. | diro | il le peut. |
|  | 23. Passé. | ziroen | il le pouvait. |
|  | 24. Futur. | dezake, diroke; daite; dakidio | { il le pourra; il pourra, il peut; il lui peut, il lui pourra. |
| XVII. Potentiel conditionnel. | 25. Présent. | liro | il le pourrait. |
|  | 26. Présent futur. | lezake, liroke; leite; lekidio | il le pourrait; il pourrait; il lui pourrait. |
|  | 27. Passé. | zezakeen, zirokeen; zeiten; zekidion | { il l'aurait pu, il le pouvait; il aurait pu, il pouvait; il lui aurait pu, il lui pouvait. |

ment les adjectifs verbaux *izan* et *iraun* au transitif, soit dans les terminatifs de la voix intransitive à base de *izan*, de *adi* et de *ki*.

Dans ce tableau, tout ce qui ne se trouve plus en basque moderne est imprimé en italique. Les modes que nous appelons " indicatif auxiliaire, subjonctif, causatif, causatif auxiliaire, votif, votif auxiliaire ", avec leurs temps et leurs terminatifs, de même que le transitif du mode "impératif", se trouvent ainsi imprimés. Avant de passer en revue tous ces archaïsmes, nous ferons observer: 1°. Que nous distinguons entre les modes auxiliaires à base de *izan* transitif; de *iraun* "durer, endurer"; de *adi* et de *ki*, et les modes qui peuvent ne pas être auxiliaires, et qui comprennent les terminatifs purs et ceux qui ont pour base *izan* intransitif. Ces derniers ne reçoivent pas la qualification de "auxiliaires", quoique leur terminatifs s'unissent très-souvent, bien que non pas nécessairement, à un nom verbal qui n'est jamais le radical. Les terminatifs des modes auxiliaires, au contraire, ne sauraient se passer de ce dernier, soit qu'il ait une forme propre comme *ikus*, soit qu'il en ait une commune au radical et à l'adjectif verbal comme *eman*. De ce que les terminatifs auxiliaires repoussent l'union avec l'adjectif verbal comme tel, on peut conclure qu'ils le contiennent; de même que l'on peut admettre en faveur de notre théorie verbale, que les terminatifs purs des autres modes ont besoin d'un tel adjectif pour s'accorder avec le démonstratif *au*, ou l'une de ses variantes, qui forme leur base. Quant aux terminatifs intransitifs à base de *izan*, nous pensons que l'adjectif verbal auquel ils s'unissent représente un simple attribut, tandis qu'ils se trouveraient contenir *izan* dans le sens d'existence. Ce nom verbal qui signifie en même temps " eu " et " été " dans cinq des huit dialectes basques, de même que *ill* ou *hil* signifie "mort" et " tué ", est un argument très-favorable aux deux voix dans le verbe. En effet, si le terminatif *dezan* uni à *ikus* peut se rendre par " qu'il eu ceci voir ", le terminatif intransitif *naizan* uni à *ethorri* peut se rendre par " que je été venu ". Le changement de l'*i* initial de *izan* en *e* dans *dezan*, est dû au démonstratif qui s'amalgame, pour ainsi dire, avec l'adjectif verbal. 2°. Qu'il est évident que si *lu, liz; deza, dadi, dakio; leza, ledi, lekio* pouvaient exister ainsi sans suffixe qui les reduise à la forme relative indispensable à tout subjonctif basque, ou sans préfixe les transformant en terminatifs du causatif, du suppositif, de l'optatif et du votif, les dix modes que nous désignons ainsi n'auraient pas le droit de figurer dans notre tableau. On devrait dans ce cas considérer *luen, lizen; dezan, dadin, dakion, lezan, ledin, lekion* comme de simples formes relatives de *lu*, de *liz* etc., ni plus ni moins que *duen, dan* ou *den, zayon* etc. le sont de *du*, de *da*, de *zayo*. De même *bailu; baiteza, bailedi; balu, baliz; badeza, balekio; ailiz; aileza; albeilu; albeiledi* etc. ne se trouveraient être que leurs formes causative, dubitative, optative et votive, au même titre que l'on considère *baitu* et *bazan* ou *bazen* comme les formes causative et dubitative de *du* et de *zan* ou *zen*. Quant au potentiel et au potentiel conditionnel, ils sont presque toujours auxiliaires, mais le passé du potentiel conditionnel ainsi que les trois temps du potentiel, peuvent aussi se présenter avec leur signification propre de " il le peut, il se peut; il le pourra, il se pourra; il le pouvait, il se pouvait; il l'aurait pu ". Quant au présent futur et au futur du potentiel conditionnel, ils ne sauraient être qu' auxiliaires.

—L'indicatif auxiliaire ne se compose que d'un seul temps qui est représenté dans notre tableau par *zezan, zedin, zekion*. Ce passé s'unit toujours au radical, et ne forme qu'un seul temps composé qui exprime le parfait défini français ou l'aoriste. Il devient relatif sans subir de changement, et conjonctif en changeant le *n* final en *la*[1].

---

[1] Cette manière très-facile de transformer la forme relative en conjonctive, en substituant *la* à *n* final, ne prouve nullement que les terminatifs des temps passés, comme le prétend M. Van Eys, suppriment cette consonne en vertu d'une loi phonétique qui exigerait que le *n* ne puisse jamais être suivi de *l* ou de *r*. Le fait est que dans *zuela* et dans *nora* les suffixes *la* et *ra* ne font que s'unir à *zue* et à *no*, de même que le *n* dans *zuen* et dans *non*. Ce *n* final est rédondant dans les temps passés, à moins qu'il n'y indique la forme relative. Il ne se trouve, sauf ce dernier cas, ni dans le dialecte haut-navarrais méridional en général ni dans les sous-dialecte aezcoan, ainsi que nous avons été le premier à le démontrer à la p. xxiv de notre " Verbe " en parlant des lettres rédondantes. Dans *non*, nous n'avons que l'inessif du pronom *no*, synonyme de *nor*, qui existe en bas-navarrais occidental. D'ailleurs, il ne faut pas s'étonner si le thème *no* qui est toujours personnel lorsqu'il est employé avec les suffixes casuels non locaux, puisse cesser d'être tel et devenir adverbial lorsque ceux-ci l'affectent. C'est ainsi que *no* ou *nor, nok* ou *nork, noren, nori, norzaz* signifient " qui, de qui, à qui, par qui ", tandis que *nongo* ou *nonko, non, nora* ou *norat, nondik* ou *nontik* expriment " d'où (cujas); où (ubi); où (quo); d'où, par où (unde, qua) ". Quant à *nongo* et à *nondik*, ils sont bien formés de *non* et non pas de *no*, de la même manière que " donde " qui en espagnol signifie " où (ubi) " n'est autre, quant à la forme, que " de unde ", sans que la préposition " de " qu'il renferme l'empêche de servir de thème en recevant d'autres prépositions, comme en *de donde* " d'où (cujas, unde)", *adonde* " où (quo)", *por donde* " par où (qua)". L'ostiaque paraît, lui aussi, pouvoir ajouter au thème deux suffixes casuels, comme en *xattiven* " aujourd'hui", composé de *xatt* " soleil", *ivet* suffixe ablatif, et *na* (*ne*) suffixe inessif.

Il est susceptible des autres formes verbales et des traitements allocutifs masculin et féminin. Ce temps qu'il faut bien se garder de confondre avec l'imparfait du subjonctif auxiliaire, n'existe pas en basque moderne. En haut-navarrais méridional et en quelques variétés biscaïennes, il se confond avec ce temps, mais dans le premier de ces dialectes, cela n'a lieu qu'à l'intransitif et avec le régime indirect. (*Voyez* la quatrième note du dixième tableau supplémentaire de notre "Verbe".) L'imparfait du subjonctif auxiliaire ne se distingue du prétérit défini qu'à la troisième personne des deux nombres qui commence toujours par *l*, tandis que celle du prétérit défini commence par *z*. Les terminatifs *lezan* et *zezan* ne sont donc pas synonymes en labourdin ancien comme ils le sont en souletin, car si dans ce dernier *jan lezan* ou *zezan* signifie " qu'il le mangeât", dans le premier cette signification n'appartient qu'à *jan lezan*, tandis que par *jan zezan* on exprime "il le mangea " et aussi " qu'il mangea, qui le mangea ". A la première et à la seconde personne des deux nombres la distinction est impossible entre le prétérit défini, le même temps à la forme relative, et l'imparfait du subjonctif auxiliaire. En effet, *jan nezan* peut se traduire par "je le mangeai, que je mangeai, que je mangeasse ".

—Le passé du subjonctif non auxiliaire est un autre mode propre au labourdin ancien. Il est représenté dans le tableau par *luen* et *lizen*. Ce mode, à la première et à la seconde personne, exprime tout aussi bien le passé de l'indicatif à la forme relative que le passé de ce subjonctif. En effet, *nuen* est en même temps la première personne de *zuen* et de *luen*. Nous avons déjà parlé des causatifs et des votifs, modes propres au labourdin ancien.

—L'impératif non auxiliaire, au transitif, donne *biu* (*bu* d'Oihenart) à la troisième personne du singulier ; *auk, aun,* à la seconde du même nombre ; et *auzue*, à la seconde du

---

-- Quant à *zuela* etc., il est bien plus naturel d'admettre que le suffixe s'ajoute tout simplement au terminatifs sans *n* final, tels qu'on les trouve encore dans une grande partie du pays basque, que d'imaginer une loi qui a contre elle les faits les plus palpables. En effet, ce n'est pas par la suppression du *n* que le basque trouve moyen d'unir les syllabes *la* et *ra* aux mots qui finissent par cette nasale. C'est à une voyelle euphonique qu'il a recours, comme dans *onera* "au bon", *Irunera* "à Irun", *lanera* "au travail", et quant aux verbes, M. Van Eys ignorerait-il par hasard que les nombreux terminatifs féminins tels que *dun, dezaken, naun, natzain* etc. "il l'a, il le pourra, tu m'as, je suis à toi " ont pour forme conjonctive *dunala, dezakenala, naunala, natzainala,* et non pas *dula, dezakela, naula, natzaila ?*

pluriel. Ces trois derniers terminatifs sont inconnus au basque moderne. A l'intransitif, quoique *biz* "qu'il soit" soit encore en vie, il n'en est pas de même de *bire* "qu'ils soient". Nous avons dans *auk, aun, auzue* un bon argument en faveur de notre théorie verbale, puisque ces terminatifs ne consistent que dans le démonstratif tout pur suivi du pronom ou de la syllabe pronominale. En effet, *auk, aun, auzue* se traduisent morphologiquement par "ceci toi, ceci vous" ayant le sens de "tu l'as, vous l'avez", mais sans que le verbe y paraisse, sinon d'une manière idéologique.

—Parmi les temps dits composés, le futur présent propositif est d'un usage fréquent dans le N. T. de Liçarrague, et quoiqu'il ne se trouve indiqué dans aucun ouvrage grammatical sur la langue basque, nous en avons constaté l'existence en labourdin moderne qui l'emploie quelquefois dans un sens conjectural. (*Voyez* la neuvième note du septième et la troisième du premier tableau préliminaire de notre "Verbe".) Quant au sens, il ne diffère pas beaucoup du futur présent. C'est ainsi que *ikusten duke* signifie "il le verra, il a à le voir" et *ikusiren duke* "il le verra, il aura à le voir".

—L'adjectif verbal ne reçoit presque jamais le suffixe *ko* pour former les temps composés ; c'est du suffixe *en* ou *ren* que l'on se sert presque toujours en labourdin ancien : *ikusiren, ethorriren* (une fois par hasard *ethorriko*) etc. Le salazarais et le roncalais ne connaissent que le suffixe en *en*.

—Le labourdin ancien se distingue surtout par l'emploi de certains terminatifs indiquant un régime direct de première ou de seconde personne, uni à un régime indirect de n'importe quelle personne. On trouve dans le N. T. les rapports suivants : "toi à lui, toi à moi ; vous à lui ; moi à toi, moi à lui, moi à eux ; nous à lui ; nous à toi". (*Voyez* p. 83 de notre "Verbe".) Avec de tels terminatifs nous avons pu reconstruire la conjugaison complète présentant seize rapports nouveaux, qui ajoutés au vingt-quatre déja connus, portent leur nombre à quarante. Nous avons montré à M. A. d'Abbadie, Membre de l'Institut, ce tableau complet, quoique inédit, de la conjugaison labourdine ancienne.

—Les terminatifs des deux modes potentiels *diro, ziroen, diroke* et *liro, liroke, zirokeen*, sont très-usités en labourdin ancien, et ce n'est qu'après la publication de notre "Verbe" que nous avons eu la satisfaction de découvrir leur nature. Ils consistent dans la verbisation de la base *iraun*, l'italien "durato", soit dans le sens neutre de "duré", soit surtout dans celui de "enduré" actif. Nous

disons "surtout," car ces terminatifs sont toujours transitifs en
basque, de sorte que *ikus diro* qui signifie "il peut le voir" se traduit
par "il endure le voir". A la deuxième note de la page xxv de notre
"Verbe", il faut donc corriger en conséquence ce que nous avons
dit de ces terminatifs qu'alors nous considérions comme "purs".
Ce nom verbal *iraun*, ne fût-ce qu'à cause de son sens, est bien
plus propre à être donné comme la base d'une théorie verbale,
que le fameux factitif *eroan*, considéré par M. van Eys comme
une contraction de *erazo joan !!* La théorie fondée sur *iraun* ne
présente pas toutefois les avantages de celle qui reconnaît pour
base le démonstratif, et qui est la seule qui explique pourquoi le
basque n'a pas le moyen d'exprimer "il a" qu'il remplace constamment par "il l'a". Quant au *r* de certains terminatifs, lettre
à laquelle M. van Eys attache tant d'importance, on n'a nullement
besoin de la demander à son *erazo joan*, puisque *iraun* et *aur*,
synonyme de *au*, la présentent tout aussi bien. Pour ce qui est
de *joan* et de son factitif *eroan* formant le mode "consuetudinario"
du P. Zavala, si leur terminatifs ne se trouvent pas insérés dans
les tableaux de notre "Verbe", cela tient uniquement à ce que,
tout en admettant avec ce très-savant grammairien basque que
ce sont de véritables terminatifs auxiliaires, contrairement à
l'assertion gratuite de M. van Eys qui se plaît à nous faire dire
le contraire, nous ne voyons pas en eux des éléments indispensables
de conjugaison. C'est ainsi qu'en latin "agere gratias" et en
français "je vais manger", *agere* et *vais* peuvent être considérés
comme des auxiliaires (car on ne "va pas manger" comme on "va
à Rome"), mais personne ne songe à faire entrer "aller" et "agere"
dans la conjugaison française ou latine. Ce que nous venons de
dire ne nous a pas empêché toutefois d'enregistrer dans la troisième partie inédite de notre "Verbe" les terminatifs ayant pour
base *joan, eroan, egin, iraun, eman, ikusi* etc.

—Le basque du N. T. se distingue aussi par l'usage assez fréquent des suffixes démonstratifs, tels que *ok, orrek* qui dérivent
le premier de *hauk* pluriel de *haur* "este" de l'espagnol, et le
second de l'actif singulier de *hori* "ese" de la même langue ; de
même que le suffixe *a*, qui n'est que l'article défini, représente
*hura*, en biscaïen *a*, "aquel" espagnol. Des mots tels que *garatenok*
"nous qui serons"; *gucion* "de tous ces"; *anayeokin* "avec ces
frères"; *duzuenoi* "à vous qui l'avez"; *edifikazaleoz* "par ces
édificateurs"; *guzioz, guziozaz* "par tous ces"; *dugunotara* "à nous
qui l'avons"; *guziotarik* "de tous ces"; *gazteorrek* "ce jeune

homme", etc., démontrent évidemment que le basque ne se bornait
pas autrefois à l'indéfini, à un singulier et à un pluriel, mais
qu'il en avait trois pour chaque nombre, ainsi : *guzi* indéfini ;
*guzia, guzior, guziori* singulier triforme ; *guziak, guziok, guzioriak*
pluriel triforme, tous susceptibles de prendre les suffixes casuels
en donnant lieu à *guzion, guzioi, guzioz, guziotara, guziotarik,*
*guziorrek* etc. etc.

p. 95–96. Que la phonétique soit indispensable à la déter-
mination du caractère générale de la langue basque par l'étude
comparative de ses huit dialectes, c'est ce que personne ne saurait
contester, mais nos ne pouvons admettre que la phonétique seule,
sans les autres parties de la grammaire, puisse conduire, comme
le prétend M. Hovelacque, à ce résultat.

p. 96. Parmi les sons de la langue basque on nous parle d'un
*r* doux très-voisin du *l*. Ce son qui participe du *r*, du *d* et du *l*
et que l'on trouve dans quelques variétés du finnois, n'existe en
basque que d'une manière très-exceptionelle, et nous n'en avons
pu constater l'existence d'une manière régulière que dans le sous-
dialecte roncalais que nous avons été heureux de faire connaître
pour la première fois aux linguistes, en allant le déterrer des sept
localités où cette espèce singulière de basque est encore parlé en
trois variétés. Hors du Roncal ce *r* finnois ou n'existe pas, ou ne
forme qu'une prononciation individuelle et irrégulière. (*Voyez* nos
"Etudes sur les trois dialectes basques des Vallées d'Aezcoa, de
Salazar et de Roncal." Londres. 1872.) Quant aux sons *kh, th,*
*ph* qui ne sont pas simples (V. notre "Verbe", p. iii) et auxquels
M. Hovelacque accorde une place dans sa liste, nous ne voyons pas
trop pourquoi il oublie leurs congénères qui se trouvent tous en
basque de France. Voilà la liste de ces consonnes aspirées dont les
unes peuvent et les autres ne peuvent pas commencer une
syllabe : *ph, fh, th, tth, nh, ñh, kh, lh, rh, rrh.* Quant aux permutations des voyelles dont on nous présente un aperçu si incom-
plet et si fautif, en donnant comme règles générales des exceptions,
nous ne pouvons qu'inviter M. Hovelacque à mieux étudier notre
mémoire sur la langue basque et les langues ouráliques, et surtout
notre "Verbe". C'est dans ces deux ouvrages que les permutations, l'harmonie et l'affinité des voyelles ont été traitées pour la
première fois scientifiquement, et nous ne pouvons sinon regretter
qu'il n'ait pu les utiliser que d'une façon si imparfaite, en em-
pruntant nos idées de seconde ou de troisième main pour la publication de son élégante compilation.

p. 97. En ce qui concerne l'orthographe réformée du basque et à laquelle, nous pouvons le dire sans trop nous vanter, nous avons contribué plus que qui que ce soit, M. Hovelacque aurait pu ajouter qu'une telle orthographe est presque phonétique, avantage immense pour les études de linguistique comparative.

p. 97-98. La déclinaison basque ne consiste nullement en simples postpositions suffixées. Le basque, tout en ne possédant pas de véritables cas, possède des suffixes casuels comme les langues ouraliques. Ceux-ci diffèrent des postpositions par le manque absolu de sens à l'état isolé, quoique dérivant probablement de mots ayant eu une signification indépendante ; et lorsque nous voyons admettre le substantif *gabe* "néant" parmi les suffixes, nous sommes forcés de croire que M. Hovelacque n'a d'idée correcte ni des postpositions, ni des suffixes, ni des suffixes casuels.

p. 98. Quant aux grandes irrégularités du basque dans l'adjonction des suffixes casuels au nom, elles sont très-exagérées, surtout en mettant à contribution les sous-dialectes et les variétés modernes du basque. C'est ainsi que nous avons découvert que les suffixes génitif et datif du pluriel ne sont pas irréguliers dans *arriaken* "des pierres" et *arriaki* "aux pierres", au lieu de *arrien* et de *arriai* ou *arriei* des dialectes littéraires. Ces suffixes réguliers et primitifs se trouvent aux environs d'Irun et de Fontarabie et peut-être ailleurs. De même en Roncal *usiara* "au bois, à la forêt", pour *usira*, présente un nouvel exemple de l'adjonction au singulier du suffixe inaltéré, et en comparant les suffixes locaux des noms propres de lieu avec ceux de l'indéfini des noms communs, on s'aperçoit facilement que les premiers ont conservé la forme ancienne consistant dans l'adjonction au thème, pure et simple, du suffixe casuel, muni ou non muni de l'*e* et du *r* euphoniques, tandis que les seconds ont imité ou emprunté du pluriel les syllabes *ta* et *eta*. En verité *Hernaniko* et *Iruneko*, *Hernanin* et *Irunen*, *Hernanira* et *Irunera*, *Hernanitik* et *Irunetik* représentent bien mieux l'ancien indéfini que *begitako* et *oyaletako* "d'œil, de bois"; *begitan* et *oyaletan* "en œil, en drap"; *begitara* et *oyaletara* "à œil, à drap"; *begitatik* et *oyaletatik* "d'œil, de drap". En effet *oyaletako*, *oyaletan*, *oyaletara* et *oyaletatik*, se confondent quant à la forme avec les suffixes pluriels correspondants, pouvant avoir aussi le sens de "des draps, dans les draps, aux draps, des draps", et l'inconvénient de cette confusion est telle, que les dialectes guipuscoan et biscaïen préfèrent confondre les suffixes locaux de l'indéfini avec ceux du singulier lorsque le mot se termine par une consonne.

C'est ainsi que *oyaleko*, dans ces dialectes, signifie en même temps "de drap" et "du drap", et ainsi des trois autres *oyalean*, *oyalera*, et *oyaletik*. Lorsque le mot se termine en voyelle, au contraire, la confusion avec le pluriel n'étant guère possible, ces deux dialectes respectent, comme ceux de France et de la Navarre espagnole en général, la forme indéfinie, ne confondant pas *begitako* "d'œil" avec *begiko* "de l'œil" ou *begietako* "des yeux", et ainsi de *begitan*, *begian*, *begietan ; begitara*, *begira*, *begietara ; begitatik*, *begitik*, *begietatik.* On voit par ses exemples que les suffixes génitif relatif, allatif et ablatif des noms du guipuscoan et du biscaïen terminés par une consonne, sont à l'indéfini identiques à ceux des noms propres de lieu, et par conséquent semblables à ceux de la déclinaison indéfinie primitive. Cette ancienne déclinaison basque peut donc être rétablie, puisqu'elle se trouve en grande partie toute faite, sinon dans les dialectes littéraires en particulier, du moins dans la langue basque moderne dans son ensemble. De même que dans les langues ouraliques, le singulier, le pluriel (et l'indéfini quant au basque) une fois admis, l'adjonction du suffixe se faisait sans aucune altération d'après les exemples que nous avons donnés d'Irun, pour le genitif et pour le datif pluriel ; de Roncal, pour l'allatif singulier ; et des noms propres de lieu, pour tous les suffixes locaux de l'indéfini. Ces exemples, pris dans le basque existant pour chacune des formes de sa déclinaison, nous paraissent donc plus que suffisants à en rétablir la forme primitive. Il ne faut pas oublier toutefois que le pluriel est double en basque, l'un en *ak* pour les suffixes casuels non locaux, et l'autre en *eta* pour les suffixes locaux. Ce dernier qui n'est autre que la copulative, très-propre par son sens additionel à indiquer la pluralité dans l'aggrégation des objets, ne s'unit jamais tout seul au thème pour le pluraliser ; il est constamment suivi d'un suffixe local, et lorsque cela n'a pas lieu, il ne fait pas partie de la déclinaison, mais sert à former des noms indépendants et qui expriment aggrégation d'objets dans un lieu circonscrit, tels que *mendieta* "endroit de collines", *arrieta* "endroit de pierres", etc. En prenant pour exemple de la déclinaison primitive le mot *arri* parmi ceux qui se terminent en voyelle et qui prennent un *r* euphonique devant les suffixes qui commencent par une voyelle, et le mot *zur* "bois (*lignum*)" parmi ceux qui se terminent en consonne et qui exigent un *e* euphonique devant les suffixes commençant par une consonne, nous avons le tableau suivant dans lequel nous avons eu soin de distinguer en italique tous les mots suivis de suffixes casuels dont la présence ne peut être constaté dans aucune des variétés basques modernes que nous connaissons, mais dont nous croyons toutefois pouvoir démontrer l'existence primitive.

TABLEAU DE LA DÉCLINAISON BASQUE PRIMITIVE.

| | Indéfini. | Singulier. | Pluriel. |
|---|---|---|---|
| *nominatif.* | arri; zur | arri-a; zur-a | arri-a-k; zur-a-k<br>arri-eta; zur-eta (*ce pluriel n'a jamais lieu sans suffixe.*) |
| *actif.* | arri-k; zur-ek | arria-k; zura-k | *arriak-ek; zurak-ek* |
| *génitif.* | arri-ren; zur-en | arria-ren; zura-ren | arriak-en; zurak-en ⎱ *Irun* |
| *datif.* | arri-ri; zur-i | arria-ri; zura-ri | arriak-i; zurak-i ⎰ |
| *instrumental.* | arri-z; zur-ez | arria-z; zura-z | *arriak-ez; zurak-ez* |
| *génitif relatif.* | { *arri-ko;* zur-eko<br>{ Hernani-ko; Irun-eko | *arria-ko; zura-ko* | arrieta-ko; zureta-ko |
| *inessif.* | { *arri-n;* zur-en<br>{ Hernani-n; Irun-en | arria-n; *zura-n* | arrieta-n; zureta-n |
| *allatif.* | { *arri-ra;* zur-era<br>{ Hernani-ra; Irun-era | arria-ra (*Roncal*); *zura-ra* | arrieta-ra; zureta-ra |
| *ablatif.* | { *arri-tik; zur-etik.*<br>{ Hernani-tik; Irun-etik | *arria-tik; zura-tik* | arrieta-tik; zureta-tik |

On verra par ce tableau : 1°. Que l'addition des suffixes casuels au thème, avec le secours du *r* et de l'*e* euphoniques, trouve à l'indéfini des exemples dans les noms propres de lieu du basque moderne. 2°. Qu'au pluriel, à l'exception de *arriakek, arriakez,* la déclinaison primitive se trouve partout. D'ailleurs, peut-on raisonnablement douter de leur existence primitive lorsqu'on constate l'existence actuelle de *arriaken* pour *arrien* et de *arriaki* pour *arriai* ou *arriei ?* Le rapport de *arriakek* à *arriek,* *arriak* et celui de *arriakez* à *arriez, arriaz,* est exactement le même. 3°. Qu'au singulier, la différence entre la déclinaison primitive et l'actuelle est un peu plus importante, mais outre qu'elle n'a lieu que dans les quatre suffixes locaux, elle peut s'expliquer par une substitution des suffixes de l'indéfini des noms propres de lieu à ceux du singulier, analogue à celle des suffixes locaux du pluriel à ceux de l'indéfini des noms communs. Quant à *arrian* qui appartient à tous le dialectes, et au roncalais *arriara* pour *arrira,* ce sont là des formes primitives dans toute leur pureté, qui ont conservé l'article suivi du suffixe local, et lesquelles ayant survecu à *zurara* pour *zurera, arriako* pour *arriko, zurako* pour *zureko, arriatik* pour *arritik* et *zuratik* pour *zuretik,* prouvent par leur même existence actuelle l'existence primitive de ces dernières qui ne sont, après tout, que leurs congénères.

p. 98-99. Nous avons beau chercher la preuve de l'inexactitude des dénominations en *if* appliqueés aux suffixes casuels basques, nous ne saurions la voir avec les yeux d'une sobre raison. Est-ce parce que cette langue remplace les cas par les suffixes casuels que les dénominations en *if* ne pourraient être appliquées à ces derniers ? Est-ce parce que le latin faisant usage de la termination en *if*, les langues qui n'en sont pas n'auraient point le droit de s'en servir, par respect pour cette langue morte qui a été si bien qualifiée d'immortelle avec l'ancienne langue hellénique ? Est-ce enfin parce que l'on prétend que la dénomination de "suffixes casuels" ne diffère pas assez de celle de "cas" pour indiquer la différence qui existe entre le basque et le latin dans l'expression des rapports ? Mais ce sont là des prétentions tout à fait despotiques et capricieuses. Tous ces noms en *if* des langues ouraliques, ne sont guère plus baroques que les noms en *if* du latin ; que presque tous les termes de la grammaire ; que les noms de la chimie, de l'anatomie et de toutes les sciences en général. A des suffixes casuels qui n'ont pas de cas qui leur correspondent en latin, il faut un nom nouveau, sans que l'on soit forcé de renoncer au droit d'adopter des noms soit en *if*, soit en *al*, soit de toute autre terminaison, qu'ils soient ou qu'ils ne soient pas trouvés baroques par certains écrivains modernes. Quant à nous nous continuerons de nous servir de la dénomination de "suffixes casuels" adoptée par les grammairiens des langues ouraliques, et nous continuerons de même, avec eux et les grammairiens basques, à nous servir des qualifications suivantes : nominatif, actif, génitif, datif, instrumental, génitif relatif, inessif, allatif, ablatif. Quant aux suffixes des langues ouraliques, nous ne nous éloignerons en rien des noms adoptés par les Castrén, les Ahlqvist, les Schiefner, les Budenz, les Hunfalvy, les Újfalvy, etc., et notre humble personne refusera de se soumettre aux exigences de MM. Hovelacque et Van Eys, ou de ceux qui croient représenter la science linguistique moderne en suivant leurs traces.

p. 99. Le mot "constamment" est de trop, car, à l'exception de *bi* "deux" qui, en guipuscoan et en biscaïen, peut se placer tout aussi bien après qu'avant le nom, et de *bat* "un" qui se place toujours après, les adjectifs numéraux, contrairement à la règle générale, précèdent toujours le substantif.

p. 99. Le pronom *zu* en basque connu, soit ancien soit moderne, (le seul dont nous supposons qu'il puisse être question), est toujours singulier, puisque l'on ne s'en sert que lorsqu'on s'adresse à une seule personne, tandis que le français "vous" est essentiellement pluriel, n'est employé au singulier que par exception, et

BIBLIOTHÈQUE NATIONALE
COLLECTION
ANTOINE
D'ABBADIE

s'accorde avec un participe singulier. Cela n'empêche nullement, comme nous l'avons fait remarquer avant qui que ce soit dans notre "Verbe" p. xvi, que *zu* n'ait été en origine un vrai pluriel dont la forme sans le sens est parvenue jusqu'à nous, et que *zuek*, quoique très-ancien et le seul pluriel actuel, ne doive son origine à l'adoption de *zu* devenu, à l'opposé de "vous" français, exclusivement singulier.

P. 99.—C'est une grande illusion que de croire que le basque n'ait point de pronom relatif et que les Basques modernes, eux seuls, aient employé souvent avec le sens relatif, pour imiter les Espagnols et les Français, les pronoms interrogatifs. Tâchons de rectifier les trois erreurs contenues dans ces deux assertions. 1°. Non seulement l'emploi du pronom relatif n'est pas absolument contraire, comme le prétend M. Hovelacque, au génie du basque, mais il est absolument nécessaire dans beaucoup de cas, sous peine de mal parler ou de dire autre chose que ce que l'on aurait l'intention d'exprimer. Nous demanderons en effet à M. Hovelacque, si les phrases suivantes qui présentent les pronoms relatifs français à l'état de régime indirect, pourraient être traduites en basque autrement que par le pronom relatif. "Je ne sais de qui, de quoi, duquel tu parles": *Ez dakiat norzaz, zerzaz, zeñzaz itz egiten dekan;* "Nous savons à qui, à quoi et auxquel tu appartiens": *Badakiguk nori, zeri eta zeñi agokien;* "J'ai vu le bois où il trouve les loups": *Ikusi det basoa zeñtan (zeñean) otsoak arkitzen dituen;* "J'ai vu l'homme de qui il est fils": *Ikusi det gizona zeñen (zeñaren) semea dan.* Que l'on essaie de supprimer le pronom relatif en substituant *Ikusi det otsoak arkitzen dituen basoa,* ou *Ikusi det basoa, otsoak arkitzen dituena,* et l'on aura: "J'ai vu le bois qui trouve les loups" ou "celui qui trouve les loups". 2°. Ce ne sont pas les Basques modernes, eux seuls, qui ont employé souvent avec le sens relatif, non pas les pronoms interrogatifs comme le prétend M. Hovelacque, mais les vrais pronoms relatifs venant dans la phrase comme sujet ou comme régime direct. Cet usage dont l'appréciation exigerait des connaissances supérieures à celles que possède en fait de basque l'auteur de "La Linguistique", nous ne nous permettons ni de l'approuver ni de le blâmer. Nous affirmons seulement qu'il appartient tout aussi bien au basque le plus ancien que l'on connaisse, qu'aux dialectes modernes de France et de la Navarre espagnole en général. Des phrases telles que *zein erraiten baita,* pour *erraiten dena,* se rencontrent souvent dans le N. T. de Liçarrague, et se distinguent du guipuscoan et du biscaïen *esaten dana* par ce même usage du relatif venant comme sujet, indépendamment de la forme causative *baita* manquant à ces deux dialectes. 3°. Nous ne saurions admettre avec M. Hovelacque que les pronoms *nor, zeñ, zer*, "qui, quel, que" ou "quoi" soient par eux-mêmes interrogatifs. Il en est de ces mots comme de bien d'autres qui peuvent être employés d'une manière interrogative, mais il n'en demeurent pas moins pour cela des vrais pronoms relatifs. Dans les phrases que nous venons de citer, leur sens n'est certainement pas interrogatif, tandis que dans celles qui suivent il est tel : *Nor da ?, zeñ dira ?, zer diozu ?* "Qui est-ce ?, qui sont-ils, que dis-tu ?"

p. 100. Puisque M. Hovelacque, sans intention sans doute, oublie dans son article, avant de parler de l'origine du verbe basque, d'informer le public sur l'état actuel de nos connaissances quant à sa conjugation, nous comblerons cette lacune, en disant que ce verbe, avant la publication de notre ouvrage, n'était guère connu que dans les dialectes guipuscoan, biscaïen, labourdin et souletin. Le verbe labourdin lui-même n'avait pas encore été donné sous la forme pure, sans mélange de bas-navarrais occidental ou oriental, et propre à ce dialecte. La conjugaison des dialectes de la Haute et de la Basse Navarre et celle des Vallées d'Aezcoa, de Salazar et de Roncal où l'on parle trois sous-dialectes très-caractéristiques, ont été obtenues, pour la première fois, sur les lieux mêmes, et telles que nous les entendions sortir de la bouche des gens de la campagne, que tantôt nous écoutions et tantôt nous interrogions. Ce procédé a été répété quelquefois jusqu'à trois fois avec des personnes différentes, et tous ces terminatifs verbaux n'étaient admis que lorsque l'accord était complet entre les habitants originaires de chaque localité. La même méthode a été adoptée pour la vérification et les additions lorsqu'il s'est agi d'admettre parmi nos tableaux comparatifs les terminatifs guipuscoans de Lardizabal, les biscaïens de Zavala, les labourdins purifiés de leur hybridisme, et les souletins d'Inchauspe. La conjugaison de ce savant linguiste basque, sauf quelques additions, s'est trouvée exacte en toute point et nullement exagérée, comme le prétend un certain auteur moderne. Quant à celle des deux autres dialectes de l'Espagne, les changements ont été plus nombreux pour le biscaïen (sous l'égide du feu P. Uriarte) que pour le guipuscoan, mais presque jamais dans le sens des suppressions ; car plusieurs des terminatifs donnés par ces auteurs et qui ont été remplacés par d'autres plus usités, se retrouvent à la troisième partie encore inédite des " Variantes " de notre " Verbe ".

p. 100. Nous attendons avec impatience la production d'un

document appartenant à la période non historique de la langue
basque, qui ne présente pas de formes périphrastiques.  Ce n'est
qu'alors, mais seulement alors, que l'opinion appuyée et proclamée *ex cathedra* par M. Hovelacque cessera d'être une assertion
gratuite pour devenir un dogme de sa façon.  Si la production
de ce document est impossible, la faute n'est pas à nous.
D'ailleurs, puisque M. Hovelacque préfère ne pas entrer dans les
raisons spéciales qui militent invinciblement, selon lui en faveur
de l'opinion contraire à la nôtre, nous nous bornerons, à notre
tour, à renvoyer le lecteur à notre " Verbe " et au journal anglais
" The Academy."  On trouvera, dans le premier, l'exposition de notre
théorie que nous persistons à croire moins improbable que celle
de M. Vinson, tout en admettant la simple possibilité de cette
dernière, qui n'est fondée que sur le sens hypothétique d'un radical
qui n'a jamais lieu à l'état isolé dans la langue basque; tandis
que notre hypothèse a pour base le démonstratif *au*, mot dont le
sens est parfaitement connu, et qui avec ses variantes *aur, gau,
kau, kaur* " ceci " expliquant le régime direct dont il a le sens, et
son régime indirect *o, ko*, contractions de *oni, koni* " à ceci ", rend
assez bien compte des terminatifs transitifs de n'importe quel
temps.    Il ne faut pas oublier en effet que le régime directe
(exprimé d'après notre théorie par *au* ou par une de ses variantes)
fait partie essentielle de tout terminatif verbal du basque, qui
peut bien exprimer " il l'a " *dau*, mais non pas " il a ".  Les langues
ouraliques ont les deux formes : *tartok, tartom* " je tiens, je le
tiens " en hongrois.    Les terminatifs qui présentent un *r*, tels que
*drauka, grauzkio*, si communs dans le N. T. de Liçarrague et que
M. Van Eys trouve inexplicables par notre théorie, sont au contraire des plus faciles à expliquer par elle par un simple metathèse
analogue à celle de *presuna* pour *persuna*, puisque, de même que
le *r* est d'un usage arbitraire dans le démonstratif, de même cet
usage n'est pas obligatoire dans les terminatifs avec *r*.    En effet
les *draut, drauk* etc. du N. T., ne sont autres que les *daut, dauk*
etc. d'autres dialectes modernes.  Ces terminatifs commençant par
*dr* et *gr* servent aussi à démontrer le peu de fondement de l'opinion
de M. Van Eys et d'autres, qui consiste à regarder comme une
impossibilité dans les mots purement basques l'association de
pareilles consonnes.  Les dialectes modernes et les documents les
plus anciens que l'un connaisse du basque, donnent le démenti le
plus formel à une telle manière de voir.  En ce qui concerne la
théorie du verbe basque de M. Van Eys, on verra par l' " Academy "
ce que nous en pensons.  Elle est tout simplement inadmissible

et au-dessous de toute critique sérieuse. Nous finirons par remarquer, au sujet du caractère métaphysique que l'on reproche
à notre opinion, que M. Hovelacque ne saurait forcer tous ceux
qui ont le malheur de ne pas penser comme lui à partager son
horreur de tout ce qui n'est pas, en fait de langage, du domaine
exclusif de la matière. Un juste milieu nous paraît plus conforme
à cet esprit de sagesse (le "sal sapientiæ") sans lequel la science
elle-même n'est qu'illusion, erreur et mensonge. Nous nous
consolons au reste du reproche que nous fait M. Hovelacque, car,
à la page 78 de son ouvrage, nous le voyons faire aussi au
célèbre dravidiste Caldwell, auteur d'un ouvrage en comparaison
duquel, d'après l'opinion des juges les plus compétents en cette
matière, tout ce qui a paru en France, en fait de langues
dravidiennes, ne saurait avoir qu'une valeur secondaire.

p. 101. Il faut ajouter le traitement diminutif que nous avons
décrit en détail dans notre "Verbe", non seulement quant à la
manière de le former facilement du traitement respectueux, mais
aussi quant à son usage, assez bizarre, dans les différents dialectes
et sous-dialectes.

p. 102. Nous avons de la peine à comprendre que celui qui
croit que le vocabulaire du basque est imparfaitement connu,
puisse décider qu'il est pauvre. En tout cas on se refuse à
prendre au sérieux l'argument en faveur de cette pauvreté, qui
consiste à lui reconnaître six expressions différentes au lieu d'une
seule : car si le basque est pauvre dans un cas, il est évident qu'il
est six fois riche dans un autre. Quant au mots "nai" *guip.*,
"nahi" *lab.* et *soul.*, "gura" *bisc.*, s'ils expriment aussi d'autres
idées que celle de "volonté", cela a lieu de même avec les mots
français "volonté" et "vouloir", dont le premier peut exprimer
fantaisie, et le second "désirer", et même "pouvoir". Nous sommes
au reste heureux d'apprendre à M. Hovelacque que *gogo* signifie
bien "pensée," et *opa* "désir" dans le dialecte guipuscoan.

p. 103. Nous ignorions jusqu'à ce jour que les ouvrages de
piété, en tant que tels, surtout lorsqu'on ne fait pas d'exception
pour l'Ecriture sainte traduite par M. Duvoisin et dont nous
sommes fiers d'avoir doté la langue basque, ne présentent qu'un
intérêt négatif et une soi-disant morale, et qu'ils ne peuvent aider
dans l'étude d'une langue. Nous étions donc dans l'erreur en
pensant que de nombreuses traductions d'évangiles ou de caté-
chismes en plusieurs dialectes basques qui ne possédaient encore
rien d'imprimé, pouvaient être utiles aux études de linguistique
comparative, lorsque nous avons entrepris à grand frais leur

publication ? Ce sont de livres de piété, nous dit-on, et comme tels, ils ne peuvent être utiles !! Voilà de bien pauvres opinions que nous sommes loin d'envier à M. Hovelacque. Quant aux mille livre basques qui constitueraient cette littérature que l'on trouve si pauvre, nous nous croyons en droit d'avancer, en notre qualité de possesseur d'une collection unique et à peu près complète de tels livres, que ce nombre est très-exagéré, car ce ne sont pas des feuilles ou des feuillets volants que l'on peut décorer du nom de "livres", et pour ce qui est des ouvrages écrits en latin, en italien, en allemand, en anglais (M. Hovelacque aurait-il pu ajouter), et surtout en hongrois, leur nombre de deux douzaines au plus ne saurait exercé une influence sensible sur la liste.

p. 105. Ne dirait-on pas que les connaissances de M. Hovelacque en fait de basque doivent être bien profondes, à en juger d'après le droit d'exclusion qu'il exerce, d'une manière si impartiale, en faveur de ses admirateurs ? Nous nous permettrons toutefois de ne pas nous soumettre à sa décision dogmatique. Quant au nom de Humboldt, s'il ne peut suffire, à lui tout seul, à entraîner une conviction, nous ne voyons pas trop la raison pour laquelle ceux de MM. Van Eys, Vinson et Hovelacque jouiraient, à eux tout seuls, de ce privilége. Que si l'on nous répond que les deux premiers de ces messieurs (M. Hovelacque n'ayant fait que les approuver) ont étayé leur opinion d'arguments qu'ils trouvaient concluants, notre réplique sera que ceux du célèbre philologue que nous venons de nommer nous paraissent, du moins en général, beaucoup plus solides, non seulement à nous qui sommes désintéressé dans cette question qui ne nous est pas personnelle, mais aussi à des juges très-compétents en linguistique, tels que Pott, qui "je ne doute pas", dit-il, "que la communauté de famille ne demeure établie, en ce qui est essentiel, entre la vieille langue ibérique qui est l'ancêtre, et la langue basque actuelle qui est la petite-fille, quelque nombreuses que puissent être les erreurs et les méprises de détail que l'on est en état de découvrir aujourd'hui dans le livre de Humboldt, à cause de la connaissance plus précise et plus compréhensive que l'on a acquise de la langue basque". (*Uber Vaskische Familiennamen.* Detmold, 1875.)

p. 121. Les langues ouraliques possèdent bien en général les caractères dont parle M. Hovelacque, mais il y a des exceptions dont il aurait dû au moins constater l'existence, telles que, par exemple, l'absence de l'harmonie des voyelles en vepse, le plus ancien des dialectes tchoudes ; en esthonien de Reval, le dialecte principal de cette langue ; en live ; en haut-tchérémisse, plus important que le bas-tchérémisse qui, seul de cette langue, possède l'harmonie des voyelles. (*Voyez* l'admirable travail de M. Újfalvy dans son "Etude comparée des langues ougro-finnoises" p. 128 du tome premier de sa Revue de Philologie.) Le basque offre des exemples analogues, puisque l'harmonie des voyelles qui lui est propre et qui ne diffère pas beaucoup plus de celle du finnois que celle-ci de celle du lapon existe dans toute sa perfection dans quelques unes de ses variétés, tandis que dans d'autres, appartenant souvent au même sous-dialecte, elle est nulle ou inappréciable. C'est ainsi que le sous-dialecte biscaïen occidental nous présente dans la variété de Bermeo : *semia* "le fils", *burua* "la tête", *aita* "le père", *izar* "étoile", *etorri da* "il est venu", et dans celle d'Arratia : *semea, burue, aite, izer, etorri de.* (*Voyez* notre Mémoire sur la langue basque comparée aux langues ouraliques, où nous avons donné pour la première fois toutes ces permutations au quatrième tableau qui se trouve à la fin.) Si donc l'harmonie des voyelles est un caractère distinctif de plusieurs langues, son absence ne saurait rien prouver.

p. 130. Dire que le hongrois peut incorporer le régime direct de seconde personne quand le sujet est de la première, n'est que dire les choses à moitié, car il ne suffit pas que le sujet soit de première personne ; il faut absolument que cette personne soit au singulier. En effet, d'après l'assertion de M. Hovelacque, celui qui ignore complètement le hongrois serait induit à croire d'une manière erronée qu'il est donné à cette langue de pouvoir exprimer en un seul mot "nous te voyons, nous vous voyons" comme il lui est donné de pouvoir exprimer par *látlak* "je te vois, je vous vois".

Si nous voulions relever toutes les inexactitudes, toutes les fausses appréciations, et surtout toutes les erreurs dont fourmille la compilation de M. Hovelacque, il nous faudrait écrire un livre plus volumineux que celui qu'il vient de publier. Nous avons cru nous borner à la langue basque, parce que l'erreur est plus facile à s'accréditer lorsqu'il s'agit d'une langue aussi peu connue, aussi difficile, et aussi imparfaitement étudiée par la généralité des écrivains modernes qui ne sont pas basques de naissance. Peut-être qu'un jour nous étendrons nos observations à d'autres langues que nous croyons un peu connaître, et sur lesquelles M. Hovelacque décide en maître despotique en un style, qui, presque élégant et même attrayant, n'en est que plus propre à la propagation de l'erreur.

L. L. BONAPARTE.

*I certify that only 250 copies of this work have been printed.*

JOHN STRANGEWAYS,
28 Castle Street, Leicester Square.

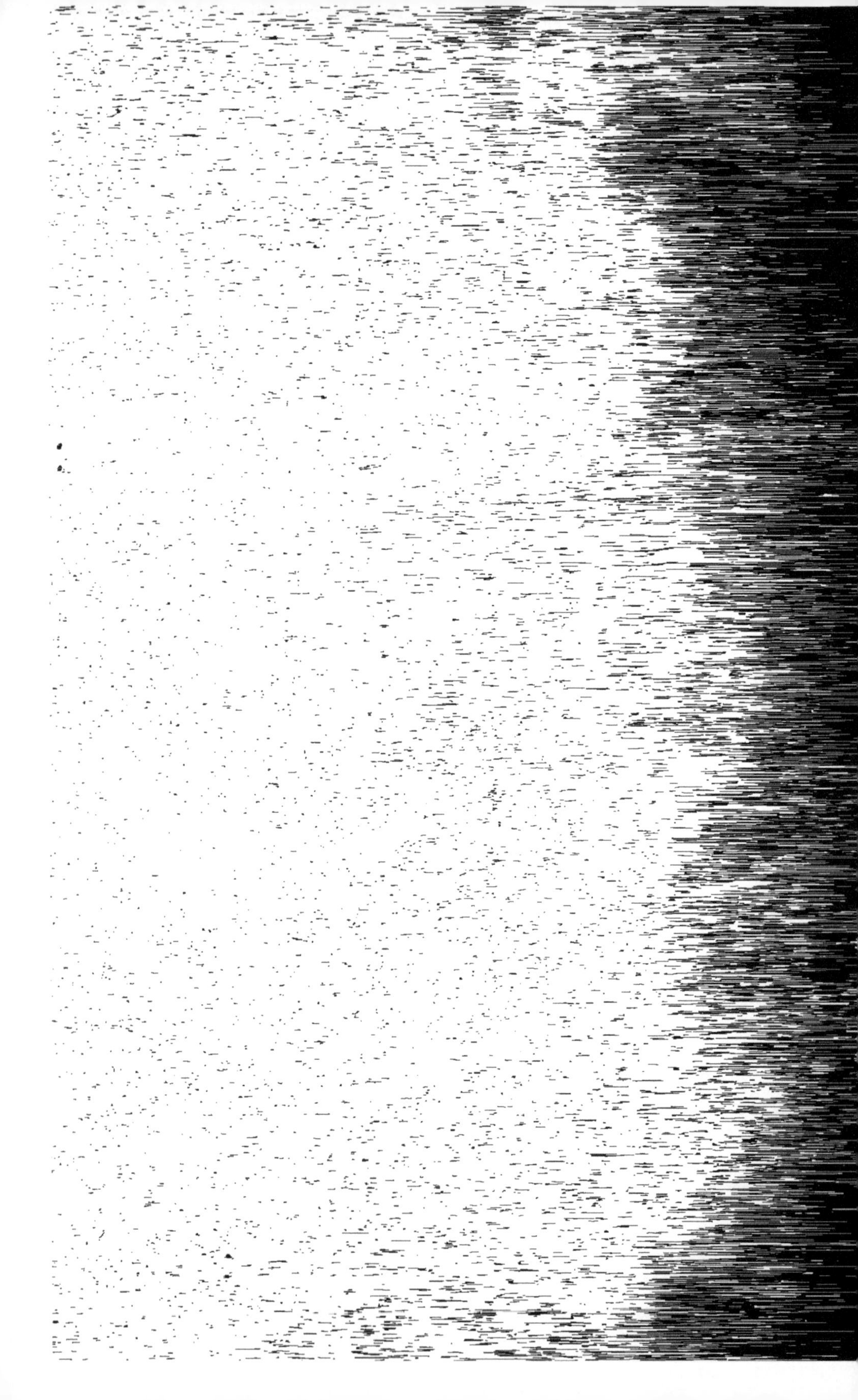

www.ingramcontent.com/pod-product-compliance
Ingram Content Group UK Ltd.
Pitfield, Milton Keynes, MK11 3LW, UK
UKHW021203140726
13695UKWH00005B/2304